DESDE MUNDOS PARALELOS

IGNACIO BELLIDO VICENTE

LULU PRESS. NC.USA.2108
DERECHOS RESERVADOS
ILUSTRACIONES DEL AUTOR
ISBN:978-1-387-98557-9

Meditando la incompresión.

Nada se pierde en el retorno

la cálida señal

de tus pupilas

sera perpetua luz

de las tinieblas.

Nada se comprende

ante el altar.

El sacerdote ha muerto

y la ceremonia es lacerante.

La sangre no mana

y el símbolo se perpetúa.

Bogarra- Albacete-2003

Este poema lo escribí en casa del pintor Qijano(lo escribe sin u).

En un pueblo de misterio llamado Bogarra,donde las luces de

madrugada, cuando llegas desde Albacete, te indican un ca,

mino del pensamiento hacia el ensueño.

 La casa de Qijano es ensueño alabado por todos

los que la hemos podido visitar. Sus pinturas y creaciones

te llevan hacia ese camino insospechado donde la esencia

no permite regreso. Creo que allí sigo desde que escribí

este poema en 2003 y en la actualidad creo vivir en 2018.

en la Barcelona cordial y dueña de todas las culturas.

Entrega de abrazos

Nadie ha podido llenar las arcas

y elevarlas hasta el Cielo.

La avaricia es una virtud en inverso

y detiene al cuerpo en su bondad.

Hoy llego con ánimo sereno

y abrazo al mendigo que llora

junto a las azucenas

entre la indiferencia del paseante.

El mendigo no pregunta y me abraza

ha comprendido que le entrego bondad

que vivo el dolor que siente por todos

que amo su presencia.

Asi ,al cabo, cantamos el himno de armonía

y podemos sonreir.

Continuidad en un decir cercano a la llama

son piedras que se identifican

y forman el magma de los campos.

Al tiempo mi yo reparte sus misterios

entre los ciudadanos de manada.

El cometa ha cerrado la noche

con guiño celestial

pero perdidos en el gran sueño

no pudimos dejarle la promesa.

Salgo a la calle

y mis pensamientos arrullan

a los árboles del gran bosque

que convive en la ciudad con el lago

donde las olas escriben nuestro nombre

que se reflejan en los rascacielos

donde mueren las vanidades

En mi sentir sobre la hierba

comienzo a pensar mis memorias

y hasta los laudes de muerte.

<u>Llegar</u>

hasta la altura del milagro

y en su cueva de oro

juntar las manos en entrega.

Llorar

sobre la toga del ancestro

uno en todos

virgenes que abren sus ventanas.

Un jardín perdido en las aceras

clama su gran presencia

que ayuda en su llegada.

El tiempo cierra giros

y ayuda con esencias

a este planeta enfermo.

No hay Dios ,ni somos

Sin ser indigno lloro

sin poder mis denarios pueden

todo es trueque y mentira

en verano inventado

con un calor sin nombre.

No hay Dios,

ni somos

ni acaso nuestras lágrimas

ni la luz que se esconde

sin saber del milagro

en las galaxias

donde vive Otro Yo

que nombra al mío.

Sensación y ritmo

Sobre la sensación de existencia

construyo mi castillo en el destello

de un pensamiento entrega.

Nadie puede habitarlo.

En su interior,

invisible se mueve

la antimateria

cuidada en su presencia

por la armonía del físico Cassimir

de gran presencia

y contraste de doctrinas

de entro y salgo en la existencia.

Como burla y respeto se acepta

pero no puedo controlar mis risas

las noches de adviento que me lo recuerdan.

Soy un excéptico

me lo cantaban en la primera comunión

y cuando mi vecinita de 14

me tocaba la flauta mañanera.

Pero no burlas

estás en la poesía

se mueven los cielos calestiales

ante tu palabra

y las abuelas

queman sus velas en tu honor.

Calma,

y vuelve al pesebre de noches.

No disparates

Tu madre te mostro rosas y alboradas

Nunca cloacas

en el comportar.

Salgo al jardín

con el cuerpo rodeado de sándalo

y mi sentir refuerza mi deseo

y besos flores

beso hierbas

beso semillas y ramos

Besos a la dignidad

y a la señora que bendice

y al apostol que apedrean en silencio

y a las dudas

a todo lo que enseñe a confundir

Para llegar a la verdad.

He aqui mi perdón

que me entrego a mi mismo

de rodillas

ante el ramo de flores

que me dejo madre antes de partir.

Cuando me rogaba

el camino

y cantaba para convencerme de su amor.

En el siempre.

Libro de memorias

He comenzado un manuscrito

de pretensiones

donde voy a dejar sentires y fracasos

y también los gritos del vecindario

las noches de pelea y orgasmo.

He de ser original

pero no sé las formas ni la via

por lo que salgo a la calle

y pregunto sin rubor ciudadano:

cómo puedo ser original.

Muchos ni me miran

otros responden en burlas

y gemidos de anormal.

Los más me dicen

que he de buscarlo yo en las

esquinas de mi vida:

Hay gente digna

muy cierto y certero

y merece que siga buscando

sin preguntas

Solo la mano en el vientre

los días de Luna Llena

y Ohhhhhh

he logrado cosas y pensamientos

pero he de callar

pues me pide silencio

el amigo que tengo en el Cosmos

y que vive junto a mi

se llama igual que yo

y hace todas las rutinas vitrales

que yo hago.

He pensado en mi desdoblamiento

pero esto no es posible

y me voy a dormir como alivio.

Señores tengan placidez en el ensueño.

Les deseo.

Fortalecimiento

Pasados varios siglos

mi Yo se fortalece

y las aguas que me ocupan

claman su densidad

como una victoria.

Ahora ha mejorado la calidad de mis hechos

y puedo mirar por el telescopio del sabio

el fluir del Todo

las aves escondiendose tras las olas

y el mar mostrando al fin sus claustros

de debilidad.

Siento haber llegado a la inocencia

y paseo mi debilidad

por el parque de los irredentos

que comen las hojas de los arbustos

sin saber de sus hechos

sin saber de sus palabras de maldad.

Todo gira en sentido contrario

y la sabiduría que he adquirido

me hace conocer la maldad en plenitud

Y no puedo elevar mi canto.

He conocido el Fin.

Miserias dentro de la espera

Las cortinas y proscenio

han juntado sus cuitas.

La sala no permite espectáculos

y el público desespera ante la taquilla de entradas

que ha cerrado en desdén.

Se pregunta pero nadie sabe

Se llora pero nadie redime

Tan solo una pluma de un ave desconocida

parece observar desde un rincón.

Dentro de este desentono

tampoco se conoce el título de la obra

y no hay actores que puedan proclamar.

Todos se reduce ahora a un mundo descompuesto

donde el miedo

hace huir a muchos de los espectadores.

La acera se ha llenado de excrementos

y un cielo gris oscuro

muestra a sus cuervos en espera.

No hay patrullas de socorro

la policia ha muerto fulminada

por los rayos celestes.

Y muchos se esconden en los portales

huyendo de los cadáveres de espera.

Nada se sabe y la lógica parece haber huido

Al poco un mediador con su túnica

desde un altavoz

pide arrepentimiento

y genuflexiones.

Muchos mueren en esta posición

y el mediador se aleja a carcajadas

hacia un parque cercano,

Una luz aparece como promisión

pero ya conozco estos modos

y fantasías

y en un café cercano

bebo dos litros de cola para despertar

mi sensatez.

Al cabo el relog de la mesilla

reclama mis deberes de ciudadanía.

Y de nuevo en otro tono es el Fin de la leyenda.

Honor y análisis

Aunque pierdas tu honor

no hay herida en tu alma.

Las piedras han girado su oportuno

y tu parte última vuelve a brillar.

El Sol ha renunciado a sus nubes

y cuida de ti

impidiendo que el maligno

cosntruya fortaleza,

Has ganado presencia

te ha llegado un nuevo honor

¿Cómo manifestarlo?

Hace tiempo que señalas

tu falta de ubicuación

y que tus joyas heredadas

han demostrado su falsedad.

Has de aceptar los arcos y guirnaldas

donde están inscritos

los nombres de tus padres.

Ellos te dieron presencia

y alabaron tus pasos

frente al enemigo que te maldecia

en los rincones donde estaba encadenado.

Las aguas también han comprendido

y vuelven a los arbotantes

para reforzar.

Luego en la cúpula

el pintor dorado dibuja tu silueta

y borra los restos de mentira

de los congregantes que habían pretendido

tu humillación.

El valle es el hogar que te recibe

y la montaña canta en su eco

esperando tu llegada

para estimular al grupo que te espera

con tu doctrina y alimentos.

<u>Ambar y Amber</u>

Sobre una doctrina

y dos encuentros en la fase inesperada.

Dos sonrisas

y un solo idioma: el ingles

ella es de Australia

y ha acudido sin saberlo a mi llamada

Los tiempos marcan

sus horas

y muestran sus manos entre las calles

dispuestos a colaborar.

El calor se enaltece

y vibra

al lado de los cuerpos que tiemblan

sin comprender el momento.

a punto de desfallecer.

Es un verano de rigores

y el rigor permanece

incluso en la palabra

que reclama sus giros del encuentro.

No podemos hablar de razones

y reclamamos el mundo paralelo

que pueda decirnos

quienes somos uno para otro

dónde se encuentran nuestras razones

y si el abrazo presentido

marcará el encuentro.

En la unión que al fin ha llegado

para mantener la nada en el Todo

que continuará en nuevos abrazos

y la fusión eterna al fin

sin falso sendero.

Chem Trails

No hay mas temores.

El cielo cuida sus estelas

de los pájaros de ingrato volar

y espera.

Temo que mi agua está adulterada

por las poluciones

de las Chem Trails

que vuelvena sus horas malditas

para repetir

repetir

en fingida inocencia

de vuelo

sobre las palabras

del FMI

"sobran los viejos"

se acabaron los parques

y los niños jugando en sus castillos

y la redención del que busca

Es la muerte de los inutiles

en una fingiida ceremonia de inocencia

que muchos alaban.

Pero Bach sigue vigilante

también Granados y Falla

y Vivaldi y Dvorak

"Un nuevo mundo"

Nuevas formas de quebrar

palabras y caras de seres fingidos

llegados quizá desde otra galaxia.

Ocupando la decisión

para que los que no aportan

vivan sus melodias

en las Chen Trails de muerte en la bondad.

Seres no creados

No quiero vivir la bondad

de los campos,

Estoy siendo en la ingenuidad de mis decires

telón y estandarte

donde graban con plomo

sus sentencias.

Con esta cadencia y consigna

sigo en mi proclamada ignorancia

y vuelvo a mi llanto como defensa

acariciando a lo hormiga

como un ser perfecto

que en su orden mantiene realidad.

Miro sus estructuras de igneo desierto

y admiro sus vivir en esa cabaña

donde el aire vibra en las bondades

sobre el deseo de los pétalos que también se acercaron.

Es otro momento de verdad

y lo vivo en el desconcierto

del no saber, pero si tratar

si mostrar mis sellos de ciudad

y mis bondades de limosna.

Reitero

Reitero

Ruego

Lloro

Grito el nombre de Ariadna

y entonces hay una voz

que nunca supe el donde

y dice:

"Has sido aceptado. Has de convertirte en nosotras,Trabajar

con nosotras y rezar al Dios que has rechazado

y que ocupa nuestraas conciencias"

Esta petición duró Siglos

en los que mantuve mi unidad

y pude seguir en frivolidades obligadas

y amor y lujuria.

Tambien acudieron los muertos

con sus tumbas.

Comprendí que el Cosmos se había revelado

y me pedía silencio

y me aseguraba que nunca llegaría

al mensaje dorado.

En el dolor

En el dolor constancia

y en tu sonrisa la bondad.

Has sembrado los prados de azucenas

y sus semillas giran en el viento

para llegar a tu nombre.

Eres hijo del todo

y el todo te protege

con sus cabañas infinitas

que brillan en la noche para iluminarte.

Vive contento amado

los ríos confluyen

y los rascacielos ya no existen.

Se perdieron en el sin sentido

y en la fuerza del vendaval.

Tampoco hay dioses

y nada obliga

puedes sonreir de mil modos

y todos aceptaran

tu palabra como bendición

Los medidadores

ahora se pudren en un cementerio

junto al río Moldava

bajo los versos de Vladimir Holán.

Que siempre mantuvo su silencio

para indicar el camino

y lo dejo en sus versos,

apenas sin palabras,

mientras nosotros

agarrados de la mano

descansabamos en las laderas del Tormes

viviendo la mística

y el recuerdo de los tiempos.

Continuar

Sigue el camino

y recoge la piedra

guardada en los siglos

en la caja de fortaleza.

Camina seguro

hacia la escala

donde esperan los ancestros

con la diadema de inocencia

para fundirse con nosotros

La llegada a la escala

era fusión y no lo sabiamos.

Hemos destruido la fórmula maldita

y nuestra aura brilla ssin necesidad de alabanzas.

El, en su poderío

nos acoge y acaricia con sus canciones

y salmos.

Al fin la unión

al fin la llegada al punto del ensueño.

Busquemos la paz

Hay paz

al menos un pregón la magnifíca

y las sonrisas al tiempo

voltean sus manos

y se entregan a la ermita

que bendice a los trigales que la rodean.

Todo son giros tidimensionales.

Y no debemos confiar en alabanzas.

Puede haber llegado el tiempo del engaño

en la comida maldita

que recibimos con inclinaciones de cabeza.

Mientras el organo sigue en su partitura,

Pero podemos observar,

que no es necesario llorar los sentimientos

que no hay nubes

que no hay Sol que brille

ni Luna de noches

pues la noche no existe.

Estamos en un tiempo inconcluso

donde solo flores de bondad

crecen en los caminos.

Creo que hemos podido visitar

el mundo paralelo

y vivir el instante de su placer

algo parecido a la ceremonia

del orgasmo

y al abrazo de madre en su inocencia.

En este pensamiento

busco referencias del donde y como

y nada se manifiesta.

Puedo ser el unico hombre

y esto debe alegrar mis caminos

y el gorgeo de los pájaros que me acompañan.

Es la sensación de bondad.

En el amor y sentimientos

Hoy salgo teemprano de mi cabaña.

He sentido que el Sol me llamaba

y pedía mi oración junto al agua del riachuelos

que cruza mi valle.

Alabo a la hierba que siempre me acompaña

y a los pájaros que limpian mi lugar

de hierbas malditas.

Busco a mis hijos que duermen en sonrisas

y les pido su inocencia

como compañía.

Quieren cantar el agua

y sonrien junto a la luz de mañanas.

El resto de animales

descansan en la cuadra

alabando el silencio

y los surcos esperan las semillas.

Todo en hermosa programación

pero he de cumplir los prometido

y le hablo al Sol dibujando su silueta

junto a la arena de la orilla del riachuelo.

Allí me siento y espero

Hoy el Salmo es el salmo

y yo canto en la espera

de los mensajeros

que traen las consignas.

ara todo mi tiempo de vida.

Al fin he logrado esta libertad y esta

rotunda presencia

que magnifica el misterio de mi quehacer.

Ser consecuente

Sea la llegada de un hemisferio

a los aullidos del humanoide

que se disfraza

para dejar la carroña en los barrios de burla.

Este es un primer pensamiento

que desecho por falta de criterio

a veces el poeta

comete vaciladas inoportunas

borro con mi lengua

todo los escrito

y las campanas de la ermita

lo agradecen con un repique

que también agradece el trigo

brindando mejores semillas

para el pan ácimo

o para las obleas de engaño

que ingieren los niños sin perder inocencia.

El trigo me invita a volver a la ciudad

dice que mis pensamientos son ciudadanos

y que debería vender castañas asadas

en los días de Pascua.

Le pido silencio y respeto al trigo

como yo hago siempre desde mis poemas.

Aunque sean palabras estrujadas y babosas.

Es cierto ,

no es mi día

y no puedo recurrir a ella

que marchó a Australia

despues de sus amores enloquecidos

durante meses y junto a mi cuerpo degradado.

Me abandonó

y ahora no tengo fuerzas para incitar.

Busco el olvido

y me sirve este poema cuarteado

para decirme a mi mismo

¡No soy poeta! Amén.

Algunos pensamientos sueltos.

I

Gritos, heridas, pausas, festejos

Así camina la gloria

cuando la vanidad no puede,

II

Mi dolor no es el tuyo

por más promesas de empatía

nuestro polen no llega

y el pristilo no acepta.

III

Hay un lugar

donde escondo las llagas

de cada día.

Allí permanezco

hasta la llegada de una mano

con esencia de ti.

IV

No me odies

Mis faltas las heredé del Cosmos

y llego de rodillas con mi dolor.

Junto a la cruz de tus perdones.

Cosas de cada momento en Cercanías

Pausa en los tiempos de desidia. La luz se enemista con el Sol y buscan un acomodo entre las vísceras. Nada y Todo se detienen. Las calles continuan su paralelo y el hombre de los advenimientos ocupa la esquina, con los brazos en cruz y una sonrisa de miseria. Los andares de los ciudadanos siguen viviendo en la gran consigna del po deroso, que ha podido limpiar sus nalgas con Chanel 5 en papel de llegada. Todo el puerto en espera, y los niños

en un trozo de pan, y membrillo para la merienda.En lo solidario nada ha cambiado. Ahora podemos contemplar tambiéna robots humanoides, que ayudan con reverencias esperando su momento y nuestra debilidad.Algunos me ro dean y les brindo una sonrisa de temor.Son fieles y corres

ponden.No hay más temor.

El Mar se aleja hacia la isla de bondades y borra su sende

ro de acogida.

Nadie se aprecibe, y el llanto solo se escucha en el

subsuelo, donde viven los minusvalidos,que han querido

volver a la nada,

Hay una vigilancia continua, pues sus hedores,pueden rom

per el ritmo de las margaritas y morir en su entrega de

bondad.

Paro a descansar con una Coca Cola

junto al gran rascacielos

y recupero mi sentido crítico.

Soy un ser débil de arterias y he de cuidar mi TA que tien

de a subir como si fuera especulación.

En realidad soy:

consentido de infancias

arrullado en orgasmos

perdido de misterios.

Por más que escribo como un intento de huir,sigo siendo

el ser inútil de la creación, con un Dios cercano que se mofa

de mis debilidades.

Ante esto no cabe más remedio que pedir otra Coca Cola

y maldecir a los cercanos.

No debo continuar lejos de las aguas,

La mañana

La mañana se pierde en sus luces

y el viento calma su rumor

para admirar al valle.

Hoy día de solsticios

la gente festeja en hogueras

menudo salto

que bien lo pasamos

yo quiero mas vino

pues no me quemé

por mas que lo deseabas

y risas

bailes

corros

hoy 27 de Junio

la Luna en colores

el poeta ha sido premiado

en este día solidario

y esperado

de eclipse.

Pero callo

no se reir

no se agradecer

tan solo unas bravas

en silencio

y una copa de cava.

Cuando asi me encuentro

llega en esencia mi esperada

que leva siempre mis tonos

y me lleva a la dimensión invisible.

Hemos salido al fin de la rutina

y juntamos nuestro espíritu

para poder llenar el Pleno

que nos esperaba hacia mucho tiempo

y yo sin saber.

Hemos ido a la cabaña

y alli madre espera para el refrigerio.

Y los tres formamos unidad

Ahora no puede identificarnos

y la felicidad crece

en este núcleo espiritual

y en este color de valle

junto a un nuevo solsticios

que con seguridad

pertenece a uno de los mundos paralelos

que siempre nos acompañan

en la fusión del espíritus.

A buen seguro,

será un día de plenitud

y volveremos con nuestros salmos al valle

que vivió nuestra llegada.

Muy obligado en el decir

Calor

Paz

Calor

Llantos en espera

Dominio perdido

Un fallo del sentir.

El suelo ha quebrado sus pasos,

y los ojos se pasean por el fuego

para alimentar su futuro.

No hay oración.

Tampoco monjes flagelandose en las esquinas.

Se ha rechazado esta obligación

desde mandatos celestes.

Algunos niños se burlaan

de las estatuas de los parques

y un viejo moribundo

les riñe

amenazandoles con un paraguas.

No hay cielo

Ni tierra

tan solo conveniencias y pregones de mladad.

Peroo la fiesta de la ignoracia

sigue

cantantes en su culo meneao

a decibelios.

Todos gritan y se mueven

es una turba malsana que no quiere

más compromisos.

Con nauseas, he llegado andando

hasta los grandes almacenes

que reclaman

llaman

te invitan a patinar

en sus pistas de hielo

al tiempo que toman tu filiación.

Noooooooocoooo

digo en mi soberbia

quiero un café y un periodico

Me dan el "New York Times"

y veo una reseña de Rod Plotnik

de mi libro "Bad news"

que he firmado como Mark Spitzer

por los estímulos que me dió

para escribirlo.

Querido gracias

pero a nadie importa mi melodía-todo en pensamiento.

Quizá me oyo

Quizá ha muerto y sigue oyendo

Quizá todo es una burla y no hay ni libro

ni New York Times.

Me río de mi

de todos

de las caléndulas

y del Imagine de Lenon en Central Park.

Debo ir hasta el lago mayor

y reir también

y luego a la Gran Cental Terminal

para calmar mi desconsuelo

en un tren hasta New Haven

y en Vernon Street terminar mi llanto

junto a los Conciertos de Brandemburgo

donde calmo mis depresiones de soledad

y puedo cocinar una tortilla de patatas

Ahhh la patata

los garbanzos

las lentejas

El tocino

el chorizo.

No más hot dogs

por el amor de todos los Cristos.

Creo que he de leer mi último libro

como vanidad necesaria y calmante.

Y unas horas de sueño

Sin ella.

Benevolencia

Se agrietaron las cortezas de algunos árboles.

Llegaron los lagos de métano

anunciando otros planetas

pero nuestras verdaderas aguas de H_2O

permanecen rodeadas

de la benevolencia de las hierbas.

Hoy no estas

y tu perfume no puedo adivinarlo

pero sé que piensas en mis manos

cuando mi caricia en la tierra

llega hasta tí.

Nos han separado para confundirnos.

Pero las cruces y promesas de Madre

evitaron el Holocausto.

Y en poco tiempo

nuestros cuerpos unidos

estarán en la Plaza de las ejecuciones

donde gritan plañideras

y hostiles.

En Festejo

de ver morir al pecador.

Nosotros tenemos la ventaja de permanecer

en el mundo paralelo

y ser invisible para ellos.

Y es obligado el callar y dejar al pensamiento.

Barcelona-Julio-2018

Pensamientos y pausas

Sentado frente a un lago perdido,

Canto mis decires

junto a mi perro Manuel.

Cerca hemos colocado

Una mesa de camping

y variedad de cosas con gas y sin gas

No habrá tumulto

es un festejo familiar.

Y nuesta alma crece en lo líquido.

Estamos en una conveniencia de amores

pero no hay besos

ni manos entregadas

tan solo la figura hierática

junto a las coniferas

y demás arbustos de cadencia.

El Sol nos ignora

y en la sombra de un pino

comenzamos la composición

de nuestros himnos

para cantarlos en protesta

por la exigencia de proclamaciones

en fiestas convenidas por ellos.

Tenemos fuerza

y la manifestamos con nuestro silencio

apartados de este mundanal

que solo sabe de orgasmos

y busqueda de orgasmos.

Está letanía no la hemos dejado

escribir en nuestro ADN.

Quizá deban sacrificarnos.

Made in the USA
Columbia, SC
17 December 2022

74158718R00040